A Monsieur Poisson
De l'académie royale des sci
de P.

Comme un foible témoignage de la haute estime
et de la reconnaissance —
De l'auteur

# MÉMOIRE

SUR

## LES LOIS DES NAISSANCES ET DE LA MORTALITÉ

### A BRUXELLES.

#### Par M. A. QUETELET.

64.

# MÉMOIRE



## LES LOIS DES NAISSANCES ET DE LA MORTALITÉ

A BRUXELLES.

———

1. L'INTRODUCTION de sociétés d'assurances sur la vie, dans nos provinces, et le désir de voir se consolider parmi nous ces établissemens qui peuvent devenir si utiles quand ils sont dirigés dans de louables intentions, nous ont porté à faire des recherches sur les lois de la mortalité et à examiner en même temps ce qui concerne les lois des naissances. Les seules tables de mortalité connues pour notre royaume, sont celles que *Kerseboom* a dressées pour les rentiers viagers de la Hollande : mais, comme on l'a fort bien observé, la position de ces individus ne peut guères être assimilée à celle des hommes, pris dans l'état ordinaire de la société; et, par là même, ces tables deviennent moins propres à déduire des conclusions sur la véritable marche de la nature. Les élémens des tables que nous proposons, ont été puisés dans les registres de la ville de

Bruxelles (1). La concordance que nous avons généralement trouvée entre les résultats particuliers et les résultats généraux semble être un garant de leur exactitude.

2. Nous commencerons par ce qui concerne les naissances; nous examinerons quels sont les mois de l'année les plus propres à la réproduction, et nous chercherons en même temps s'il est possible de déterminer à cet égard quelque loi de la nature; nous examinerons ensuite les variations auxquelles est assujétie la mortalité dans le cours de l'année; et enfin nous déduirons des tables de mortalité pour les hommes et pour les femmes, différens résultats qui pourront offrir quelqu'intérêt, surtout en ce qui a rapport aux sociétés d'assurances.

3. En suivant attentivement la marche régulière de la nature dans le développement des plantes et des animaux, l'analogie nous autorise à croire que l'influence de ses lois doit s'étendre jusque sur l'espèce humaine. On pourrait cependant s'égarer en ne consultant que l'analogie et en négligeant de soumettre à un calcul rigoureux les élémens qui caractérisent ces lois et qui sont à notre disposition. C'est en comptant les naissances à chaque époque de l'année, qu'on peut espérer au bout d'un certain temps de parvenir à un résultat qui s'éloigne peu de la vérité; c'est aussi la marche que nous avons suivie pour les dix-huit années qui viennent de s'écouler. Nous n'en avons pu employer un plus grand nombre sans nous exposer à des erreurs, à cause du désordre qui régnait dans les registres de l'état civil avant cette époque.

---

(1) J'ai été aidé dans cette partie pénible de mon travail par M. *Morren*, l'un de mes élèves, qui a eu la constance de faire la plupart des extraits dont j'avais besoin.

Or, en prenant pour unité ou pour terme moyen, le douzième du nombre des naissances qui ont eu lieu pendant ces années, nous sommes parvenu à former le tableau suivant, dans lequel nous avons aussi indiqué les époques des conceptions, en supposant le temps moyen de la grossesse de neuf mois et en regardant ses dangers comme étant constamment les mêmes.

| ÉPOQUES DES NAISSANCES. | ÉPOQUES DES CONCEPTIONS. | RÉSULTATS. |
|---|---|---|
| Janvier. | Avril. | 1,0403. |
| Février. | Mai. | 1,1570. |
| Mars. | Juin. | 1,0991. |
| Avril. | Juillet. | 1,0790. |
| Mai. | Août. | 0,9893. |
| Juin. | Septembre. | 0,9559. |
| Juillet. | Octobre. | 0,9012. |
| Août. | Novembre. | 0,9033. |
| Septembre. | Décembre. | 0,9401. |
| Octobre. | Janvier. | 0,9492. |
| Novembre. | Février. | 0,9679. |
| Décembre. | Mars. | 1,0175. |

Il résulterait donc de ce tableau que l'époque la plus favorable à la conception aurait lieu au mois de mai, tandis que l'époque la plus défavorable se trouverait vers la fin d'octobre. Le rapport entre les nombres des conceptions qui se font à ces époques serait d'environ 5 à 4. La régularité de ces résultats n'est pas moins remarquable que la singulière coïncidence des époques que nous venons d'indiquer, avec celles de l'année où tout ce qui nous entoure, semble également prendre un nouveau degré de force et de vie, ou bien languir pendant quelques instans pour se ranimer encore.

Des recherches à peu près semblables ont été présentées par
le docteur *Baily* à l'Académie des Sciences de Paris ( le 14 février
1825 ). Dans ce mémoire, dont on ne connaît encore que des
extraits, l'auteur est parvenu à des résultats assez irréguliers
et qui paraissent peu conformes à la marche simple de la nature. Il attribue ces écarts à différens motifs particuliers, qui
peuvent être plus ou moins bien fondés : c'est ce qu'une plus
longue observation pourra seule nous apprendre. Ces recherches intéressantes se rattachent de trop près à la connaissance
physiologique de l'homme, pour ne pas être suivies par le na-
turaliste avec tout le soin qu'elles méritent.

4. Quand on veut se représenter géométriquement la loi des
naissances comme celle de la mortalité, on trouve une courbe
transcendante qui ressemble beaucoup à la sinusoïde. On pourrait lui donner pour équation : $y = a + b$ sinx. Il faudrait
prendre, pour abscisses, les différentes époques de l'année ; et
l'ordonnée représenterait le nombre des naissances à ces époques. La quantité constante $a$ est le nombre moyen des naissances que nous avons pris pour unité dans notre tableau, et
l'autre constante $b$ est la différence entre cette valeur moyenne
$a$ et le nombre *maximum* ou *minimum* des naissances.

Or, quand on replie le plan de la courbe de manière à former un cylindre sur lequel l'axe des abscisses s'enroule circu-
lairement, tous les points de la sinusoïde vont se placer sur
une ellipse. Cela posé, si l'on a égard à la loi que suit l'accroissement des populations, on pourra se représenter la succession
des générations par une succession de bandes de papier qui,
étant enroulées, forment un cylindre droit, ayant pour bases
d'une part un cercle et de l'autre une ellipse : chaque tour fi-

gurerait la révolution d'une année. Ces bandes présenteraient d'autant plus de surface et les sinusoïdes d'autant plus d'étendue qu'on s'éloignerait davantage de l'axe du cylindre; on conçoit cependant que cet accroissement aurait des limites et que l'épaisseur du rouleau aurait un certain terme dans sa croissance, à peu près comme l'arbre de nos forêts : ce terme pourrait dépendre de différentes circonstances et surtout de l'étendue de terrain que doit couvrir la population. On pourrait porter cette comparaison beaucoup plus loin, et y trouver de nouveaux points de rapprochemens qui n'offriraient pas moins d'intérêt pour l'observateur.

5. Nous venons d'examiner la loi des naissances aux diverses époques de l'année, cherchons maintenant la loi de la mortalité aux mêmes époques. Ici nous avons été contraint d'avoir égard aux résultats de l'épouvantable catastrophe de Waterloo qui, par sa proximité des murs de Bruxelles, a contribué à déranger l'ordre ordinaire de la mortalité et s'est fait ressentir encore long-temps après. Nous avons donc négligé quatre années, à partir de 1815; et, en employant dix-sept années d'observation, nous avons dressé le tableau suivant. Nous avons ici, comme précédemment, pris pour unité le nombre moyen des décès; et nous avons aussi eu égard à l'inégale longueur des mois. Sur les dix-sept années d'observation, six ont été prises à partir de 1824, et les autres sont celles qui ont précédé la bataille de Waterloo (1).

---

(1) Un fait à remarquer, c'est que pendant que les lois de la mortalité étaient interverties de cette manière, celles des naissances ne subissaient pas la moindre altération, ce qui prouve que la mortalité n'a été augmentée que par la présence des étrangers qui sont morts à Bruxelles, et non par des maladies contagieuses.

*Tome III.*

| ÉPOQUES DES DÉCÈS. | RÉSULTATS. |
| --- | --- |
| Janvier. | 1,1724. |
| Février. | 1,1096. |
| Mars. | 1,1001. |
| Avril. | 1,0684. |
| Mai. | 0,9955. |
| Juin. | 0,9164. |
| Juillet. | 0,8057. |
| Août. | 0,8439. |
| Septembre. | 0,8843. |
| Octobre. | 0,9564. |
| Novembre. | 0,9751. |
| Décembre. | 1,1719. |

On voit qu'ici les termes *maximum* et *minimum* sont encore plus fortement prononcés que dans le tableau des naissances, puisque leur rapport approché est d'environ trois à deux.

6. Une autre observation qui ne peut échapper, à l'inspection des deux tableaux, c'est que le nombre des naissances est le moins grand lorsque le nombre des décès est également le moins fort : ce qui s'accorde très-bien avec la remarque de *Malthus,* que le nombre des naissances augmente lorsqu'il s'est fait un vide dans la population, même à la suite de fléaux destructeurs. On pourrait croire que cette coïncidence tient à ce que la mortalité, qui est très-grande parmi les enfans, croit en raison des naissances : nous nous sommes assuré, du moins pour les années que nous avons employées, qu'il n'existe point de différence sensible pour les différens mois.

Il résulte donc de ce qui précède, que la loi des naissances pendant l'année, est à peu près la même que celle des décès, et que de plus leurs variations coïncident à Bruxelles, et suivent, par un nouveau rapprochement assez singulier, à peu près les variations du thermomètre, mais prises dans un sens opposé : c'est-à-dire qu'à l'époque où le nombre des degrés de l'échelle thermométrique est le plus fort, le nombre des naissances et des décès est le plus faible; et réciproquement que ce dernier nombre est plus fort quand le premier devient plus faible. D'où l'on est naturellement en droit de conclure que les froids de l'hiver, dans nos climats, sont moins favorables que les chaleurs de l'été.

7. Après avoir examiné les inégalités auxquelles est assujétie la mortalité pendant le cours d'une année, passons à l'examen des lois d'après lesquelles les générations s'éteignent à Bruxelles. Les tables que nous présentons, ont été dressées séparément pour les hommes et pour les femmes; nous avons conservé les nombres tels que nous les avons obtenus, sans nous permettre d'y faire aucune correction. La régularité qu'on y remarquera sans doute, devra inspirer quelque confiance, si, d'une autre part, elles ne sont pas basées sur plus de six années d'observation. Nous avons pris soin de comparer les résultats généraux aux différens résultats particuliers, et nous avons constamment trouvé le plus grand accord; excepté pour l'année 1824, où la mortalité a été plus grande parmi les enfans, que pour les autres années.

## LOI DE LA MORTALITÉ.     LOI DE LA POPULATION.

| AGES. | HOMMES. | FEMMES. | TOTAL. | HOMMES. | FEMMES. | TOTAL. |
|---|---|---|---|---|---|---|
| 0 | 7418 | 6843 | 14261 | 213207 | 221479 | 434686 |
| 1 | 5674 | 5536 | 11210 | 205789 | 214636 | 420425 |
| 2 | 5023 | 4942 | 9965 | 200115 | 209100 | 409215 |
| 3 | 4654 | 4614 | 9268 | 195092 | 204158 | 399250 |
| 4 | 4431 | 4409 | 8840 | 190438 | 199544 | 389982 |
| 5 | 4304 | 4225 | 8529 | 186007 | 195135 | 381142 |
| 6 | 4194 | 4209 | 8403 | 181703 | 190910 | 372613 |
| 7 | 4138 | 4137 | 8275 | 177509 | 186701 | 364210 |
| 8 | 4089 | 4100 | 8189 | 173371 | 182564 | 355935 |
| 9 | 4061 | 4069 | 8130 | 169282 | 178464 | 347746 |
| 10 | 4026 | 4038 | 8064 | 165221 | 174395 | 339616 |
| 11 | 4007 | 4017 | 8024 | 161195 | 170357 | 331552 |
| 12 | 3990 | 3991 | 7981 | 157188 | 166340 | 323528 |
| 13 | 3968 | 3967 | 7935 | 153198 | 162349 | 315547 |
| 14 | 3951 | 3939 | 7890 | 149230 | 158382 | 307612 |
| 15 | 3936 | 3911 | 7847 | 145279 | 154443 | 299722 |
| 16 | 3908 | 3890 | 7798 | 141343 | 150532 | 291875 |
| 17 | 3886 | 3861 | 7747 | 137435 | 146642 | 284077 |
| 18 | 3861 | 3841 | 7702 | 133549 | 142781 | 276330 |
| 19 | 3822 | 3801 | 7623 | 129688 | 138940 | 268628 |
| 20 | 3779 | 3768 | 7547 | 125866 | 135139 | 261005 |
| 21 | 3712 | 3723 | 7435 | 122087 | 131371 | 253458 |
| 22 | 3643 | 3676 | 7319 | 118375 | 127648 | 246023 |
| 23 | 3579 | 3619 | 7198 | 114732 | 123972 | 238704 |
| 24 | 3530 | 3551 | 7081 | 111153 | 120353 | 231506 |
| 25 | 3455 | 3482 | 6937 | 107623 | 116802 | 224425 |
| 26 | 3384 | 3432 | 6816 | 104168 | 113320 | 217488 |
| 27 | 3324 | 3367 | 6691 | 100784 | 109888 | 210672 |
| 28 | 3274 | 3318 | 6592 | 97460 | 106521 | 203981 |
| 29 | 3219 | 3279 | 6498 | 94186 | 103203 | 197389 |
| 30 | 3170 | 3242 | 6412 | 90967 | 99924 | 190891 |
| 31 | 3126 | 3180 | 6306 | 87797 | 96682 | 184479 |
| 32 | 3090 | 3142 | 6232 | 84671 | 93502 | 178173 |
| 33 | 3031 | 3112 | 6143 | 81581 | 90360 | 171941 |
| 34 | 2982 | 3060 | 6042 | 78550 | 87248 | 165798 |

| AGES. | LOI DE LA MORTALITÉ. | | | LOI DE LA POPULATION. | | |
|---|---|---|---|---|---|---|
| | HOMMES. | FEMMES. | TOTAL. | HOMMES. | FEMMES. | TOTAL. |
| 35 | 2940 | 3oo1 | 5941 | 75568 | 84188 | 159756 |
| 36 | 2893 | 2954 | 5847 | 72628 | 81187 | 153815 |
| 37 | 2838 | 2899 | 5737 | 69735 | 78233 | 147968 |
| 38 | 2795 | 2846 | 5641 | 66897 | 75334 | 142231 |
| 39 | 2744 | 2787 | 5531 | 64102 | 72488 | 136590 |
| 40 | 2687 | 2742 | 5429 | 61358 | 69701 | 131059 |
| 41 | 2623 | 2683 | 53o6 | 58671 | 66959 | 125630 |
| 42 | 2569 | 2639 | 5208 | 56048 | 64276 | 120324 |
| 43 | 25o5 | 2597 | 51o2 | 53479 | 61637 | 115116 |
| 44 | 2458 | 2547 | 5oo5 | 50974 | 59040 | 110014 |
| 45 | 2384 | 2494 | 4878 | 48516 | 56493 | 105009 |
| 46 | 2328 | 2427 | 4755 | 46132 | 53999 | 100131 |
| 47 | 2271 | 2386 | 4657 | 43804 | 51572 | 97376 |
| 48 | 2219 | 233o | 4549 | 41533 | 49186 | 90719 |
| 49 | 2159 | 2277 | 4436 | 39314 | 46856 | 86170 |
| 5o | 2093 | 2240 | 4333 | 37155 | 44579 | 81734 |
| 51 | 2015 | 2174 | 4189 | 35062 | 42339 | 77401 |
| 52 | 1969 | 2136 | 41o5 | 33o47 | 40165 | 73212 |
| 53 | 1920 | 2084 | 4004 | 31078 | 38029 | 69107 |
| 54 | 1868 | 2037 | 39o5 | 29158 | 35945 | 65103 |
| 55 | 18o1 | 1989 | 3790 | 27290 | 339o8 | 61198 |
| 56 | 1735 | 1949 | 3684 | 25489 | 31919 | 57408 |
| 57 | 168o | 1888 | 3568 | 23754 | 29970 | 53724 |
| 58 | 164o | 1836 | 3476 | 22074 | 28082 | 5o156 |
| 59 | 1590 | 1787 | 3377 | 20434 | 26246 | 4668o |
| 6o | 1549 | 1738 | 3287 | 18844 | 24459 | 433o3 |
| 61 | 1445 | 1666 | 3111 | 17295 | 22721 | 4oo16 |
| 62 | 14o4 | 1620 | 3o24 | 1585o | 21o55 | 369o5 |
| 63 | 1329 | 1557 | 2886 | 14446 | 19435 | 33881 |
| 64 | 1259 | 1476 | 2735 | 13117 | 17878 | 3o995 |
| 65 | 1188 | 14o7 | 2595 | 11858 | 164o2 | 2826o |
| 66 | 1117 | 1342 | 2459 | 1o67o | 14995 | 25665 |
| 67 | 1o41 | 1285 | 2326 | 9553 | 13653 | 232o6 |
| 68 | 978 | 1219 | 2197 | 8512 | 12368 | 2o88o |

| | LOI DE LA MORTALITÉ. | | | LOI DE LA POPULATION. | |
| --- | --- | --- | --- | --- | --- | --- |
| AGÉS. | HOMMES. | FEMMES. | TOTAL. | HOMMES. | FEMMES. | TOTAL. |
| 69 | 917 | 1152 | 2069 | 7534 | 11149 | 18683 |
| 70 | 844 | 1096 | 1940 | 6617 | 9997 | 16614 |
| 71 | 770 | 993 | 1763 | 5773 | 8901 | 14674 |
| 72 | 700 | 929 | 1629 | 5003 | 7908 | 12911 |
| 73 | 612 | 858 | 1470 | 4303 | 6979 | 11282 |
| 74 | 553 | 792 | 1345 | 3691 | 6121 | 9812 |
| 75 | 479 | 714 | 1193 | 3138 | 5329 | 8467 |
| 76 | 415 | 652 | 1067 | 2659 | 4615 | 7274 |
| 77 | 366 | 600 | 966 | 2244 | 3963 | 6207 |
| 78 | 318 | 522 | 840 | 1878 | 3363 | 5241 |
| 79 | 283 | 465 | 748 | 1560 | 2841 | 4401 |
| 80 | 256 | 402 | 658 | 1277 | 2376 | 3653 |
| 81 | 209 | 344 | 553 | 1021 | 1974 | 2995 |
| 82 | 173 | 306 | 479 | 812 | 1630 | 2442 |
| 83 | 145 | 273 | 418 | 639 | 1324 | 1963 |
| 84 | 124 | 219 | 343 | 494 | 1051 | 1545 |
| 85 | 98 | 186 | 284 | 370 | 832 | 1202 |
| 86 | 82 | 156 | 238 | 272 | 646 | 918 |
| 87 | 62 | 118 | 180 | 190 | 490 | 680 |
| 88 | 42 | 93 | 135 | 128 | 372 | 500 |
| 89 | 30 | 66 | 96 | 86 | 279 | 365 |
| 90 | 21 | 55 | 76 | 56 | 213 | 269 |
| 91 | 14 | 44 | 58 | 35 | 158 | 193 |
| 92 | 7 | 30 | 37 | 21 | 114 | 135 |
| 93 | 6 | 20 | 26 | 14 | 84 | 98 |
| 94 | 3 | 18 | 21 | 8 | 64 | 72 |
| 95 | 2 | 15 | 17 | 5 | 46 | 51 |
| 96 | 2 | 13 | 15 | 3 | 31 | 34 |
| 97 | 1 | 8 | 9 | 1 | 18 | 19 |
| 98 | | 5 | 5 | | 10 | 10 |
| 99 | | 2 | 2 | | 5 | 5 |
| 100 | | 1 | 1 | | 3 | 3 |
| 101 | | 1 | 1 | | 2 | 2 |
| 102 | | 1 | 1 | | 1 | 1 |

8. En substituant aux nombres, des figures qui peignent, pour ainsi dire, la loi de la mortalité, on trouve des lignes qui ne s'écartent pas sensiblement de celles qu'on a construites dans plusieurs autres pays. Elles s'abaissent d'abord assez fortement jusque vers quatre ou cinq ans, pour devenir à peu près horizontales ensuite ; et vers dix-huit à vingt ans, ces courbes s'abaissent de nouveau et s'écartent peu de la ligne droite, jusque vers l'âge de quatre-vingts ans où elles prennent une pente moins rapide, en se terminant. La courbe de mortalité pour les femmes, d'abord moins élevée que pour les hommes, finit par s'en rapprocher vers l'âge de six à sept ans ; puis elle se confond à peu près avec elle, et ne s'en détache que vers l'âge de vingt-un ans : à partir de cette époque elle lui reste constamment supérieure sans cependant s'en écarter beaucoup. Il résulte de ce qui précède qu'on pourrait sans trop s'éloigner de la vérité, admettre l'hypothèse de *Moivre*, et n'établir qu'une seule progression depuis l'âge de vingt-deux ans jusqu'à celui de quatre-vingts.

9. Quoiqu'à Bruxelles la mortalité soit assez grande parmi les enfans, elle est cependant bien loin d'égaler celle de la plupart des autres grandes villes. Si l'on cherche en effet quelle y est la vie *probable*, c'est-à-dire le nombre d'années après lequel la probabilité d'exister et celle de ne pas exister sont les mêmes, on trouve pour ce terme, à compter de la naissance, qu'à Paris il tombe entre huit et neuf ans ; à Londres, un peu avant trois ans ; à Vienne, un peu avant deux ; un peu après à Berlin ; tandisque, d'après nos tables, ce terme tomberait vers vingt-un ans pour les garçons, entre vingt-six et vingt-sept ans pour les filles, et après vingt-trois ans quand on ne fait aucune distinction des sexes. « La table de *l'annuaire*, moyenne pour toute

la France, le place entre vingt et vingt-un ans ; celle d'Angle-
terre, entre vingt-sept et vingt-huit ans ; celle de Brandebourg,
entre vingt-cinq et vingt-six ; celle de Suisse, à quarante-un
ans. » Cette prodigieuse différence entre les campagnes et la ville,
ne saurait être attribuée qu'aux suites de l'extrême misère, à
la malpropreté, au resserrement des demeures et à l'insalubrité
qui en est la conséquence dans les capitales : à Montpellier,
ville dont la population est d'environ trente-deux mille individus, et dont on regarde le séjour comme très-sain, le terme
dont il s'agit n'est cependant placé que vers six ans. » (*Lacroix,
Calcul des Probabilités*). Cette grande disproportion ne peut-
elle pas tenir encore à cette loi de la nature, dont nous avons
parlé précédemment, qui permet d'autant moins à une population de se multiplier que le terrain qu'elle couvre, est déjà
plus peuplé ? Nous ignorons les moyens qu'elle emploie pour
parvenir à ses fins ; nous ne savons si le principe destructeur
se trouve dans l'air même que nous respirons ; mais, à en juger
par les effets, il en est de nous à peu près comme des arbres
d'une forêt, qu'on ne saurait multiplier au delà de certaines
limites, dépendantes de la surface du sol qui les nourrit. Il est
à remarquer d'ailleurs que la mortalité la plus grande atteint
surtout les enfans au moment où ils entrent dans la vie, car
pendant les deux premiers mois qui suivent leur naissance, il
en meurt presqu'autant que pendant le reste de l'année ; et c'est
surtout sur le premier mois que porte l'excès de cette différence. Voici ce que nous avons obtenu en cherchant le nombre
des enfans morts pendant les quatre premiers mois qui ont
suivi leur naissance, 1044, 390, 231, 185 : et pour les huit
derniers mois de l'année, 156, 156, 162, 152, 140, 153,
142, 140.

De sorte que c'est aux portes mêmes de la vie que les générations se trouvent pour ainsi dire décimées. Nous pensons aussi que c'est sur les premiers mois principalement que doit se tourner l'attention des observateurs, s'ils veulent surprendre quelques nouveaux secrets à la nature dans sa manière de distribuer la mortalité.

10. Dans l'espace de six années, il est né à Bruxelles vingt mille neuf cent et soixante-quinze enfans; trois mille cinquante-un sont morts pendant la première année et mille quarante-quatre dès le premier mois; de sorte que le vingtième, à peu près exactement, a été moissonné dès le premier mois; et plus du septième après la première année. La probabilité de mourir, le premier mois, était donc à peu près un vingtième, pour chacun d'eux avant sa naissance, et un septième, pour l'année; en divisant le nombre des chances favorables à l'événement attendu par le nombre total de chances.

On est convenu de calculer cette probabilité d'une manière un peu différente, mais beaucoup plus expéditive, quand on a des tables de mortalité. En effet, on conçoit, comme le faisait *Halley*, que les quatorze mille deux cent soixante et un individus, par exemple, dont nous avons marqué les époques des décès étaient nés en même temps et qu'ils se sont ensuite éteints successivement comme l'indique notre tableau; de sorte qu'à l'âge de 1 ans, il n'en restait plus que onze mille deux cent et dix. Mais alors les résultats diffèrent un peu de ceux que nous avons obtenus précédemment; cela tient à ce que l'on suppose d'après la seconde méthode, une population stationnaire, tandis qu'à Bruxelles, elle est croissante.

11. Si l'état de la population à Bruxelles était stationnaire, on pourrait déduire des tables de mortalité le nombre d'individus de chaque âge qui s'y trouvent; et en suivant les méthodes connues, on trouverait soixante-douze mille quatre cent et quarante-huit âmes. Mais notre hypothèse n'étant point conforme à la vérité, il faudra tenir compte du rapport des naissances aux décès, pour trouver la valeur approchée de la population; je dis valeur approchée, parceque nous ignorons quelles variations a subies ce rapport. En comparant les naissances aux décès, pendant les années qui ont précédé l'établissement du gouvernement actuel, on trouve qu'il a beaucoup augmenté dans un espace de temps assez court, ce qui montre qu'il faut augmenter le nombre précédent. On peut tirer de là une autre conclusion, c'est que les dépenses considérables qui ont été faites par la régence pour l'embellissement de Bruxelles, ont eu encore un autre effet que celui qui concernait l'agrément de la ville, puisque l'air y est devenu plus sain et la mortalité moins grande.

La table, intitulée *Loi de la Population*, suppose une population totale de 434686 personnes, comprenant 213207 hommes et 221479 femmes : elle sert à indiquer combien il y a de personnes parmi elles qui ont un âge donné. Veut-on savoir, par exemple, combien il y a d'hommes ou de femmes qui ont 26 ans ou plus, on trouve 217488 dont 113320 femmes et 104168 hommes; c'est-à-dire que la population se partage en deux parties à peu près égales, l'une ayant moins de 26 ans et l'autre, un peu plus forte, ayant 26 ans ou plus.

12. On pourra encore déduire de la même table, le rapport entre le nombre total des hommes et celui des femmes, dont

la population se compose ; on trouve en effet 213207 et 221479, rapport qui est d'environ 26 à 27 ; c'est-à-dire que le nombre des femmes y surpasse seulement de $\frac{1}{26}$ le nombre des hommes. Il ne faut pas confondre ce rapport avec celui des naissances masculines aux naissances féminines ; car, au contraire, comme on sait, il nait moins de femmes que d'hommes ; mais les femmes, vivant généralement plus long-temps, doivent accroître considérablement cette partie de la population.

13. Revenons maintenant aux applications du calcul des probabilités, dans l'hypothèse d'une population stationnaire. Nous avons vu que pour l'enfant naissant, la vie probable avait pour valeur moyenne 23 ans : à l'âge de 5 ans, la vie probable est à son *maximum* : elle est de plus de 44 ans pour les garçons, et de plus de 47, pour les filles : quand on ne fait aucune distinction de sexes, elle est d'environ 45 ans et demi. A l'âge de 30 ans, la vie probable est encore de 32 ans ; à l'âge de 50, de 18, et à l'âge de 70, d'environ 7 ans.

14. A l'âge de 40 ans, la vie probable est à Paris, de plus de 21 ans (1) ; en France, terme moyen, 23 ans ; à Londres 18 ; à Vienne plus de 19 ; à Berlin de même ; en Suisse, près de 25. A Bruxelles, la vie probable à la même époque est d'environ 23 ans pour les hommes ; de près de 26, pour les femmes, et d'environ 24, quand on ne fait point de distinction de sexes.

15. Selon *Price*, la probabilité de parvenir à 80 ans est de $\frac{2}{43}$ dans le pays de Vaud, $\frac{2}{45}$ en Brandebourg, $\frac{1}{30}$ à Breslaw,

---

(1) Voyez le calcul des probabilités par *Lacroix*, à qui nous empruntons la plupart des données dont nous nous sommes servi. Voyez aussi le grand ouvrage de M. le marquis *Delaplace*.

66.

$\frac{1}{37}$ à Berlin, $\frac{1}{40}$ à Londres, $\frac{1}{41}$ à Vienne. A Bruxelles, nous trouvons que cette même probabilité a pour valeur $\frac{1}{29}$ pour les hommes, $\frac{1}{17}$ pour les femmes et $\frac{1}{27}$ quand on ne fait point distinction de sexes.

16. Enfin si l'on regarde comme mesure de la *longévité*, l'âge de 90 ans, la table de l'*annuaire* donne pour la France 0,0038; celle de Londres, 0,0020; celle de Vienne 0,0020; celle de Berlin 0,0042, et celle de Suisse, 0,0050. Celle de Bruxelles donnera 0,00283 pour les hommes; 0,00804 pour les femmes; et 0,00554 pour les deux sexes.

La probabilité pour une femme d'atteindre l'âge de 100 ans serait de $\frac{1}{6843}$.

17. Passons maintenant à l'emploi que l'on peut faire des tables précédentes, dans les spéculations des sociétés d'assurances. Comme à Bruxelles la probabilité de mourir est moins grande, pendant la jeunesse, que dans la plupart des autres villes, le prix des assurances y sera aussi moins grand, puisqu'il doit être proportionné aux dangers que l'on court. Au contraire, le prix deviendra plus grand pour les personnes qui auront déjà atteint un certain âge. De sorte qu'en se servant de nos tables, le tarif sera en général plus avantageux pour les assurés en bas âge que pour ceux qui ont dépassé vingt ans. Voici un tableau qui présente le taux de la prime annuelle d'une assurance de 100 fl. effectuée pour un an. La première colonne est calculée d'après la table de *Duvillard*, qui se trouve dans l'*annuaire* du bureau des longitudes. Elle est employée par la compagnie d'assurances générales sur la vie de Paris; elle a été employée aussi par celle qui vient de s'établir à Bruxelles, sous le même nom. La seconde colonne est calculée d'après les tables de *Kerseboom* et les dernières d'après les nôtres.

Taux de la prime annuelle de 100 fl. effectuée pour un an.

| AGE DE L'ASSURÉ. | D'APRÈS DUVILLARD. | D'APRÈS KERSEBOOM. | POUR LES HOMMES. | POUR LES FEMMES. | MOYENNE VALEUR. |
|---|---|---|---|---|---|
| 0 | 23, 25 | 19, 65 | 23, 51 | 19, 10 | 21, 39 |
| 1 | 12, 47 | 4, 45 | 11, 47 | 10, 73 | 11, 10 |
| 2 | 7, 02 | 4, 19 | 7, 35 | 6, 63 | 7, 00 |
| 3 | 4, 16 | 3, 60 | 4, 79 | 4, 44 | 4, 62 |
| 10 | 0, 77 | 1, 01 | 0, 47 | 0, 52 | 0, 50 |
| 20 | 1, 18 | 1, 10 | 1, 78 | 1, 19 | 1, 50 |
| 30 | 1, 55 | 1, 69 | 1, 39 | 1, 91 | 1, 69 |
| 40 | 1, 89 | 1, 49 | 2, 38 | 2, 15 | 2, 26 |
| 50 | 2, 60 | 2, 37 | 3, 73 | 2, 95 | 3, 32 |
| 60 | 4, 30 | 3, 40 | 6, 71 | 4, 14 | 5, 36 |
| 70 | 8, 15 | 5, 71 | 8, 77 | 9, 40 | 9, 13 |

Les résultats donnés par nos tables, s'accordent généralement beaucoup mieux avec ceux indiqués par le tarif de la compagnie d'assurances de Paris, que les résultats qu'on obtient par les tables de *Kerseboom*. Les petites inégalités qu'on y trouve tiennent, comme on l'a observé généralement (1), à la manière dont se font les déclarations de décès : les personnes qui les indiquent, ou les savent mal, ou ne donnent que le nombre rond le plus approchant : aussi on trouve souvent 60 ans où il aurait fallu 59 ou 58. Or, comme ce sont justement les sortes de nombres qui comportent le plus d'erreur, que nous avons employés pour faire la table précédente, c'est sur eux aussi que retombent les plus grandes inégalités. Nous ne nous sommes permis

_______________

(1) Voyez *Lacroix*, Traité élém. des Probabilités.

aucune correction à nos résultats, afin qu'on puisse un jour
les comparer à d'autres faits également à Bruxelles, ou bien
les étendre à un nombre d'années plus grand. Quand on voudra
donc se servir de nos tables pour les calculs des assurances, il
sera bon de les corriger, en régularisant les différences, comme
l'a fait *Saint Cyran*, pour les tables de *Dupré de St. Maur*;
et M. *de Montférant*, pour celles de *Duvillard*, qu'on trouve
dans l'*annuaire* du bureau des longitudes : il sera bon aussi
d'exprimer tous les nombres en parties d'un nombre rond tel
qu'un million, par exemple, comme on le fait ordinairement.


FIN.